AF254303

Reflexiones y Delirios 2

ARANIVA GARAY

Reservados todos los derechos. No se permite la reproducción total o parcial de esta obra, ni su incorporación a un sistema informático, ni su transmisión en cualquier forma o por cualquier medio (electrónico, mecánico, fotocopia, grabación u otros) sin autorización previa y por escrito de los titulares del copyright, excepto breves citas y con la fuente identificada correctamente.. La infracción de dichos derechos puede constituir un delito contra la propiedad intelectual.

El contenido de esta obra es responsabilidad del autor y no refleja necesariamente las opiniones de la casa editora. Todos los textos e imágenes fueron proporcionados por el autor, quien es el único responsable por los derechos de los mismos.

Publicado por Ibukku, LLC
www.ibukku.com
Diseño de portada: Ángel Flores Guerra Bistrain
Diseño y maquetación: Diana Patricia González Juárez
Copyright © 2024
ISBN Paperback: 978-1-68574-781-7
ISBN Hardcover: 978-1-68574-783-1
ISBN eBook: 978-1-68574-782-4

Dedicado a
mío cariño.

Mi *Bea.*

La quiero bonito para siempre…
Aunque fuésemos un nunca…

Índice

Introducción   9

Consagración   11

Proemio   12

Libres   13

Reanimación   14

Pesadilla   15

Promesa   16

Quebrar   18

Lejanos   20

Selenofilia   21

Parterre   22

Aliento   23

Amalgama   24

Arramble   25

Inanición   26

Cimientos   27

Antítesis   28

Ensayo 1   29

Nociones   30

Amistades   31

Chacal   32

Apariciones   34

Lux   35

Hípnica   36

Rarezas   37

Interpelar   38

Alucinación   39

Reflexiones   40

Delirios   42

Proyección   44

Acrisolar   45

Bitácora   46

Koli   47

Sijtli   49
Ensayo 2   50
Metztli   51
Musa   52
Infinitud   53
Franklin   54
Vicios   55
Estro   56
(Des)   57
Gran Má   58
Fisura 1   59
Nimajneb   60
Cráneo/Rosa   61
Eutanasia   62
Suicidio   63
Psicosis   64
Sosiego   65
Arder   66
Imposible   67
Escisión   68
Existencias   69
Oxidación   70
Claridad   71
Eutanasia x Suicidio   72
Gran Pá   73
Efeméride   74
Película   75
Exégesis   76
Entidad   77
Menosprecio   78
Ritos   79
Sexamor 2   82
Dualidad   83
Penumbra   84
Conmiseración   85
Alucinación 2   86
Sopor   87
Promisión   88
Vestigios   89

Concepto 90
Mami 91
Pacto 92
Algolagnia 93
Colisiones 94
Desilusión 95
Fisión 96
Promisión 2 97
Vaciedad 98
Dilación 99
Ocasos 100
Desleír 101
Vulnerable 102
Irisnauta 103
Fisura 2 104
Holografía 105
Ensayo 3 106
Calíope 107
Parafernalia 108
Prostitupsique 109
Efecto 110
Etéreo 111
Fluctuaciones 112
Aleatorio 113
Ensueño 115
Complicidad 116
Pira 117
Aurora 118
Alucinación 3 119
Aura 120
Nebulosa 121
Curda 122
Cenizas 123
Coger 124
Reconstrucción 125
Féminas 126
Impregnación 127
Toxicómano 128
Efímero 130

Achares 131

Converger 132

Descenso 134

Utopía 135

Robos 136

Evol 137

Disolución 138

Bea 139

Je t'aime 153

Mío Cariño 154

Misiva 155

Reflexiones/Delirios 157

Consagración 158

Introducción

Entrega de esta segunda parte,
Y conclusión de mi obra *Reflexiones y Delirios*
Un viaje a través de los mares de mi corazón inestable,
amores, depresiones, pasiones y miedos
descritos en bruto mediante la prosa...

Consagración

Desde el instante en que la conocí
inspirado por el profundo sentimiento de amor verdadero
surgió la iluminación de un pensamiento en mí...

Todo poema de amor escrito en mi vida
fue realmente inspirado por ella
a quien estaba destinado encontrar en un futuro.

Por eso cada poema de amor
que haya escrito le pertenece a ella...

Cada poema de amor
que he escrito en mi vida tiene su esencia...
su nombre...

Mi Bea.

Y este libro le pertenece...
al igual que le pertenezco yo
por completo.

Proemio

No estamos solos en esta demencia,
a mí también me arrastra de forma violenta
el maremoto de mierda que es la depresión.

Al igual que ustedes,
frecuentemente me encuentro perdido
en la ingrávida vacía obscuridad perpetua
del sin sentido existencial.

Al igual que ustedes,
la intencional ignorancia de mi círculo social
me ha juzgado y condenado al aislamiento en silencio.

Al igual que ustedes,
decidí ocultar mi estado emocional y psicológico
a mis seres amados por temor a angustiarlos.

Y entiendo perfectamente que ninguna persona depresiva
desea recurrir a la falsa solución trágica suicida.

No estamos solos en esta demencia,
si sientes que estás a punto de darte por vencido
recurre a la línea de prevención del suicidio.

988 EE.UU.
(atención en inglés y español 24/7)

Y espero que en cada país exista una.

Libres

Buscando continuar nuestro amor, abandonemos esta gélida ciudad,
dejando atrás cualquier dolor, encontrando en unión la libertad.

Amarnos libres en los cerros, felicidad de nuestras vidas,
nuestro hogar hecho de barro, entre veredas florecidas.

Entre bosques habitaremos, seremos ermitaños amantes,
ante el cantar de las aves, suaves despertares tendremos.

Tomaremos café en guacales, frente al fuego abrazados,
hablando de cosas triviales, eternamente enamorados.

Florecerán nuestros jardines, inmarcesibles ante el tiempo,
igual que nuestros corazones, en tierras fértiles del campo.

Disfrutar en los atardeceres, apasionado rojo velo,
regalarle anocheceres, celeste florecer del cielo.

Nuestro amor será idéntico al de mis padres, mis abuelos,
tan típico, tan folclórico, cuál identidad de los pueblos.

Abandonemos esta gélida ciudad dejando atrás cualquier dolor,
encontrando en unión la libertad, buscando continuar nuestro amor.

Reanimación

Cuando encuentres mis cenizas
desgarra profundo tu muñeca izquierda,
vierte tu sangre sobre estas recitando promesas,
para que al contacto de ambas
hagan combustión cual fuegos fatuos,
arrastrándome desde la muerte
hasta la vida, nuevamente.

Pesadilla

He venido desde el pasado siendo arrastrado al infierno,
mientras me arrastro enterrando las uñas en el suelo para avanzar
negándome ceder terreno a mi demencia,
resistiendo, apenas manteniéndome en el borde del presente
sin siquiera poder levantar la mirada al horizonte futuro.

Escuchando en mi cabeza
voces que maldicen mi existencia desde la infancia,
gritos, susurros, berridos, rugidos...
Describiéndome toda clase de métodos
para terminar con el ilógico sufrimiento de esta vida sin sentido;
por eso mantengo todo el tiempo la música
al máximo volumen en mis audífonos;
para no escuchar toda la mierda que pienso.

No había tenido un solo instante de mi reputísima vida
fuera de la desesperación y el caos...

Hasta esa primera y única vez,
que la tuve frente a mí.

Promesa

Con cariño y delicadeza la tomé de su mano,
—acompáñame al jardín, mi amor, prometo regalarte un arcoíris—
le dije.

Mientras tiraba de su mano emocionado,
ella sonreía enamorada caminando detrás de mí
preguntando mil detalles, ansiosa e incrédula.

—Es un día muy soleado— dijo,
Estando de pie ambos a mitad del patio
mientras me soltaba acusaciones a quema ropa
sobre cómo pude haberle mentido de tal forma cruel.

Intercalando la interrogante:
—¿cómo podrías entregarme un arcoíris
si las condiciones climáticas no se prestan para nada?—

La tomé con cariño de los hombros girándola lentamente de frente al sol
mientras le explicaba que pronto lo sabría.
—Mira, a la altura de la viga del corredor ¿ves la manguera?—
—sí —respondió ella.

Caminé hacia el frente hasta la llave del agua,
abriéndola a toda presión en función rocío
mientras la observaba a ella sonreír
llenándose sus ojos de maravilloso asombro brillo.

Pero vaya, la sorpresa realmente fue para mí,
porque mientras la observaba irradiando todas esas emociones
descubrí el verdadero arcoíris naciendo de ella,
redescubriendo la hermosa mujer que me entrega su amor,
que aceptó formar un hogar conmigo,
compañera fiel de mis reflexiones y delirios,
verdadero tesoro de mi vida.

Me sacudí el asombro negándome continuar disfrutando su paisaje
para completar la entrega del regalo que había planeado.
avancé hacia ella que casi sin aliento no dejaba de observar
aquel arcoíris artificial que le había regalado.
Me paré a su lado,
mientras suspiraba adorando su acendrada belleza iridiscente meliflua,
le dije:
—dicen que el arcoíris después de cada tormenta es una promesa de dios,
pero este arcoíris que te regalo hoy es la reafirmación de mi promesa
hecha a ti en el altar, prometo amarte hasta la muerte——

Ella volteó hacia mí, me tomó por la mejillas
y me dio un beso arcoíris miel ternura mientras decía;
gracias, mi amor ——.
luego, rodeó con su brazo mi espalda recostándose suavemente en mi pecho,
y continuó observando su obsequio.

Mientras, yo feliz y enamorado sonriendo como estúpido
respondía en mi pensamiento:
——gracias a ti, mi amor, por ser mi esposa——.

Entonces desperté...

Quebrar

¿Sabes qué nos pasó?
Que nos cansamos...
Nos cansamos de querer soñar los sueños ajenos
de quien creíamos amar.

Meteoro
(Fantasía)

Pedir un deseo a una estrella fugaz es todo un ritual.
tal deseo solamente es válido si brota espontáneamente de tu interior,
fluyendo en un suspiro, susurro enmudecido;
en el momento preciso sin premeditación,
la expresión más pura y sincera del corazón, asumiendo que el universo
habrá delegado la divina providencia, para trabajar a tu favor.

Lejanos

Y de vez en cuando ella me cuenta sus deseos de mí,
y me hace sentir como si el universo estuviese en mi mano.

Y le hago un verso de cuánto la deseo
y entonces me entero que hasta se moja de solo leer lo que le escribo.

Nos hacemos el amor entre versos estimulándonos el corazón,
el alma, la imaginación, el intelecto.

Y cogemos de forma salvaje,
lujuriosa y depravada,
entre textos y tacto.

Selenofilia

Me encantaría tener esa inocente ilusión de creer
que desde el cielo ahora suele cuidarme,
que al momento de su muerte la inmensa energía del amor
que contenía su corazón tras escapar en su última exhalación
ascendió a los cielos para transformarse en un cuerpo celeste,
y que ante la inmensidad de su belleza
solo podría suponer que hoy, usted, es la luna.

Que ilumina mis caminos nocturnos con tierna radiación cósmica,
para mantener inmarcesibles todos estos recuerdos felices,
que atesoro sobre usted en el alma prisioneros dentro de estas cicatrices.

Y con gotas de luz de luna lágrimas de su bondad
riega las milpas y frijolares cuales jardines campesinos,
regalando cosechas abundantes entre los cerros
que fueron en nuestra pobreza un increíble paraíso.

Que su voz añejada con dulce vejez
es la música lunar que inspira el cantar
de las criaturas nocturnas.

Y puedo aullarle mi llanto cuando es luna llena
desahogando la tristeza que se apoderó
de una fracción de mi corazón el día en que murió,
anhelando el imposible de que una vez más resucite en esta realidad,
para entregarle este cariño nostálgico
que crece incontenible dentro de mi corazón infantil
inspirado por los bellos recuerdos suyos, abuela.

Parterre

Durante las noches de lunas llenas
coincidentes en superposiciones interdimensionales,
desgarrados portales interconexión de realidades.
Espejos de plasma reflejando paisajes de otras dimensiones.

Jardines de espectros invisibles a humanas visiones,
flores oscilantes de fuego líquido cuántico multicolores,
gorriones esqueletos diamantes
reflexionando luces diminutos arcoírices plumajes,
vibrando sus alas en vuelo emitiendo melodías
cual cetácicos cantares,
Mientras absorben néctar fotónico iridiscente,
para escapar al infinito
en metamorfosis a espectral supergigante blanca.

Insomne universo delirante...

Aliento

Que no te importe qué tan desfavorable fue el diagnóstico,
no permitas que la angustia en tu mente sea un nocebo.

Si eres teísta,
aférrate a la fe con todas tus fuerzas,
deja que tu corazón recite oraciones
glorificando a tus dioses.

Recuerda que según tus creencias,
primero debes poner de tu parte
para que tus dioses vengan a ayudarte,
porque si están contigo
nada ni nadie podrá vencerte.

Mantén la esperanza inquebrantable
de que los milagros sí existen.

Ya que aunado a tus medicamentos
aquello será tu mejor placebo.

Amalgama

Estando a punto de desaparecer
busco en sus brazos la consciencia de existir
al sentir la realidad de vivir recorriendo su ser.

A veces sus abrazos son insuficientes,
porque ante mi desproporcionada depresión
su amor por mí en comparación resulta diminuto.

En esas ocasiones abrazados
desearía que nos transformáramos en plasma
y nos fusionáramos.

Y volviendo a nuestro estado corpóreo,
que nuestras estructuras óseas estén atadas
por nuestros músculos entrelazados.
al igual que nuestros sistemas
nerviosos y sanguíneos trenzados.
que nuestros corazones al chocar cual péndulo de newton
sus palpitaciones transfieran energía vital, al mío.

Que todo impulso de su existir se transfiera directamente en mí.

Y que su piel sobre mi piel cubra cada milímetro,
cubriéndome por completo, creando el abrazo perfecto…

Arramble

Voy todo quebrado por este mundo
avanzando hacia adelante.

No puedo con el peso de mí mismo
pero no me dejaré atrás.

A rastras arrastrando mis pedazos
lanzándolos hacia el futuro.

Me he jurado que llegaré al destino anhelado,
aquel que mi corazón ha palpitado.

Aunque esta mente traicionera
me susurre a cada instante
que debo darme por vencido,
y ceder ante el deseo suicida…

Inanición

¿Y cómo te arrancas el deseo de esos besos
que no puedes obtener con tanta frecuencia como ansías?

La sed de mi alma por su alma,
la sed de mi corazón por su amor.

Y es que ni siquiera es sexo el principal deseo
aunque la veo y me incendio.

Ese jugueteo de querernos bonito,
con besos cargados de un te quiero más que de lujuria,
aunque arda solo de escucharla respirar.

¿Cómo me arranco el deseo de sus besos
si no puedo obtenerlos con tanta frecuencia como ansío?

Solo espero. . .

y espero. . .

Hasta que se llegue ese momento de volver a entregarnos
todo lo nuestro a través de los labios.

Cimientos

Que descubra la humanidad
que la bondad y el amor
no son inspiraciones de la divina providencia.

Que son
Impulsos instintivos dirigidos al bienestar del prójimo,
funciones vitales del corazón.

Serán tales conocimientos fuertes fundamentos morales
sobre los cuales construyan la estructura de su humanismo.

Así cuando el teísta confirme la inexistencia de sus dioses,
no se derrumbará...

Antítesis

Ella en ascenso a la cima
tras el tesoro de la victoria; la gloria,
comprendiendo que luego inconforme avanzará
al infinito y más allá...

Yo en descenso por el abismo
tras el tesoro iluminación de consciencia
que solo se encuentra en lo profundo.

Ambos amándonos
avanzamos en sentidos opuestos,
antítesis de intereses...

Pero sabemos que somos destino el uno del otro...

Ensayo 1

Desde mi temprana infancia aprendí
que debía tragarme mis depresiones,
ocultando mis desvaríos mentales con una sonrisa.

Ya que las personas comunes por temor,
desinterés o falta de empatía,
no toleran tener consciencia de sentimientos
que pueden quebrar su frágil felicidad
basada en la ignorancia de que
existen parásitos traumas que enferman la psicología humana
para alimentarse de pensamientos podridos,
depresivos. . .

Nociones

En cada siniestro episodio insomne
depresivas flamas incineran memorias,
reduciéndolas hasta insípidas tristezas
vacías pérdidas amnesias cenizas.

Incierta noción si mi inconsciente
implanta en restantes espacios vacíos frecuentes
secundarios falsos recuerdos soportes placebos
para sostener psicología próxima a derrumbarse.

Suposición improbable sobre sí,
opongo resistencia ante el colapso de mi cordura
por medio de delirios impostores suplentes
de verdaderas memorias hermosas extintas.

Amistades

¿Que si tuve amigos?
vaya que los tuve.

Pero siempre fui tan insociable,
adicto urgido de soledad,
egoísta al respecto de cómo empleo mi tiempo libre.

Suelo aburrirme pronto de las compañías
alejándome lentamente hasta quedarme solo nuevamente.
Pero a pesar de imponer una falsa barrera
de ecpatía entre nosotros sigo considerándolos
mis amigos.

Chacal

Con sus ojos llenos de amor me regalaba acendrada dulzura.
Tenía la mirada más tierna
que jamás pude encontrar en otro ser vivo.

Y me quería, se que me quería más que a nadie
porque cuando salía a mi encuentro
el agitar de su cola le hacía vibrar todo el cuerpo.
Con una sonrisa tan hermosa
que desaparecía al instante por completo
todo sentimiento negativo alrededor de mí e interno.

Experto cazador, solo necesitaba acurrucarme a su lado
acariciando sus orejas mientras le señalaba una gallina
diciéndole: —esa, Chacal—.
Entonces él corría tras ella gruñendo azuzado, feliz,
y al alcanzarla, con sus patas delanteras
la presionaba por la espalda contra el suelo,
y me veía con sus ojos iluminados ladrándome emocionado
como si se carcajeara diciéndome:
—mira, Ben, la atrape, ven a agarrarla—.

Mientras me dirigía a casa con aquella gallina
él se paseaba alrededor mío contoneándose orgulloso
jadeando sonriente con su lengua de fuera,
mientras yo, cariñosamente lo felicitaba.
y él divertido, como medio avergonzado ante el
recital de halagos que le expresaba.
Era como si todos los sentimientos hermosos existentes
estuvieran contenidos en ese pequeño perro.

Eso eras, Chacal…

Apariciones

Y ella me tiene aquí pensándola,
esperando a que se aparezca;
porque sus apariciones siempre resultan
en momentos perfectos.

Aparece con su ramo de sonrisas,
con la música de sus risas,
con esa felicidad irradiando energías arcoíris,
con sus pasiones de sol
que me hacen arder hasta volverme cenizas
para luego con sus besos... resucitarme;
con su belleza física que alterna en mí el paro y la arritmia.

Aquí la espero...
con paciencia y desesperación mezcladas.

Aquí la espero,
con la primavera floreciendo desde mis huesos,
con la mente explotando imaginaciones de fantasía.

Aquí la espero entre el romance,
la lujuria, el pecado, la maldición,
el amor y las bendiciones.

Lux

Hace falta meter un buen polvo…
donde se eyacule amor.

Hípnica

Te buscaba con desesperación
en negación
de que solo eras producto de mi imaginación.

Perfecta creación de ensoñación
delirio de mi pasión.

Ideales proyectados por mi subconsciente
sobre receptáculos defectuosos.

Sacudida hípnica de la razón
ante la comprensión de que tal alucinación
no puede ser arrastrada a mi realidad.

Rarezas

Desprecio el sentimiento que en este momento me inunda,
jamás creí que lograr este estado mental volviera insípida la música,
tanto tiempo con el amargo sabor de boca sobre vivir
que fumar un tabaco era encontrar la miel de un beso,
pero en este instante de euforia es como lamer cenizas...

Interpelar

Dime, mi amor ¿qué tanto me conoces?

¿puedes descubrir qué sentimiento se encuentra oculto
en cada una de mis sonrisas?

¿sabes definir mi estado anímico basándote solamente
en el género musical que escucho en tal momento?

¿entiendes el porcentaje depresivo que cargo tan solo
observando la cantidad de cigarrillos que consumo a diario?

. . .

Alucinación

A veces me visitas en sueños,
sueles aparecer y tu sonrisa es tan mágica,
como en la vida real…

Toda te apareces en mis sueños
de tal forma que me haces dudar
de estar soñando,
hasta tu perfume puedo percibirlo.

Con frecuencia me visitas en sueños,
no sé por qué, ni lo entiendo,
pero me encanta tu presencia ahí dentro.

Recorro cada milímetro de tu belleza en sueños,
supongo que inconscientemente repaso tu recuerdo,
porque grabé detalladamente tu imagen en mi memoria
milímetro a milímetro.

Siento los mismos nervios que me hacías sentir en aquellos días
y de la misma manera, tartamudeo.
tampoco logro declararte mi amor en sueños,
igual que en ese pasado, me quedo enmudecido,
considerándome insignificante como para merecer,
estar contigo…

Reflexiones

Guardaba en mi corazón errados odios
que lentamente me estaban pudriendo.
pobre arrogante que aún deseaba venganza
de aquellos niños que bajo amenazas
me infundían miedos obligándome a silencios
sobre los abusos a los cuales en la escuela me sometían.

De forma violenta robaron mis alimentos y dinero del recreo,
junto a ello se llevaban mi felicidad e inocencia,
dejándome solamente esta pasiva agresividad,
deseando crecer para un día sorprenderles
con el impacto de un bate en sus mandíbulas.

Pero qué estúpidos resentimientos guardados,
pensamiento cerrado aferrado a creencias
que durante mi infancia, fui humilde.
Ignorante egoísta inconsciente que jamás reflexioné,
sobre cómo todos estábamos creciendo en la pobreza.
que muchas noches al igual que yo,
seguro ellos también se durmieron llorando hambrientos.
que por igual sufrieron tantas necesidades insatisfechas
que aún en presente nos siguen atormentando.

Que en la ignorante y cruda estupidez en que nos criamos
aquellos abusos fueron la única forma que encontraron
para satisfacer sus estómagos.
Si tan solo hubiese sido consciente en aquellos tiempos,
habría actuado con bondad y compartido por propia voluntad
lo poco pero tan invaluable que con sacrificios,
mis padres me dieron.

Delirios

No lo resistirás,
sé que no podrás soportar el peso de mis delirios.

Así que miento,
diciendo que tengo la inspiración para un escrito
y que debo recurrir al aislamiento
yendo al encierro en mi manicomio privado.

Enciendo la música metal que suele salvarme al desahogarme,
subiendo el volumen sabiendo que no es de tu agrado,
que por ende, no vendrás a interrumpir mi colapso.

Y cierro la puerta bajo cerrojo para asegurarme
que no podrás entrar de forma inesperada,
descubriendo que aquí dentro se ha desatado el infierno.

Me acurruco en la esquina de aquella habitación
llorando derramando desbordados ríos de lágrimas,
gritando rabioso enmudecido
evitando emitir cualquier sonido, apretando los dientes,
presionando mis sienes con las manos deseando aplastarme el cráneo
o despedazármelo estrellándolo contra las paredes.
Mientras me aferro con todas mis fuerzas
al amor por mi familia y por ti, para no ceder ante mis delirios.

Y luego de unas horas, descomprimido, regreso a nuestra habitación
y te descubro como el sol iluminándome con tu sonrisa mientras preguntas:
——¿por qué tienes los ojos rojos?——
y de nuevo te miento diciendo:
——es por tanto tiempo frente a la computadora escribiendo——

Proyección

En estos insomnios,
entre las tenues luces que se cuelan a través de las persianas,
proyecto mis memorias de ti cual espectros de humo y luz,
y se desdobla mi alma ya que es la única forma de abrazarte,
besarte y susurrarte un te quiero.

Entre luces y sombras le hago el amor a la proyección de tu recuerdo,
mientras sonríes entre besos,
mientras cada uno de tus suspiros
da a luz estrellas fugaces para obligarme recitar mis deseos.

Y en mi anhelo desespero impaciente te espero
pero ya no puedo contener este fuego
ignición del corazón hasta combustión de mi universo interior.

Y sonríes ante mi excitación incorpórea
que solo entre besos y ternuras intangibles alcanza el éxtasis.

Acrisolar

Tan solo con poner tus manos en mis mejillas
y sumergirte en mis ojos con tu mirada
comprensiva, compasiva;
me purificas hasta los rincones más recónditos del ser
haciendo que el cielo sea despejado
de toda nube gris tortuosa,
permitiéndome ver el brillo del sol como si fuese primavera,
es tu amor y ternura la salvación de mi alma.

Bitácora

Cada escrito será una prueba futura
de cuán deprimido y enamorado,
estuve en mi pasado.

Koli

Jamás abandonó esta dimensión,
solo transmutó a un ser inmaterial.

Consejero ángel guardián del pasado arrastrado al presente
cuando recurro a su sabiduría transmitida en verbo
y almacenada en las memorias de este corazón imprudente.

Lo encuentro en los callos de mis manos,
en la terquedad con que persigo hacer realidad mis sueños,
y en cada café servido en guacal de morro.
lo encuentro en un sombrero cual casquete del guerrero de los cerros,
en los bueyes enyugados tirando de una carreta o del arado,
en la desgranadora y aventadora, en la pila
de olotes y los matates de tuzas,
en las milpas y los frijolares, en una cuma zurda,
en la güarpolia con que talló cada una de las piedras
que forman los muros de contención que evitan la erosión de mi terruño
al igual que las bordas entre el terreno de cultivo.

En aquel guarizama empavonado
guardado en su funda de cuero decorada con
simbología típica de nuestra cultura.

Lo encuentro en los cielos nocturnos cuando veo aquellas constelaciones
de las cuales me enseñó sus nombres,
lo encuentro por todo el cantón
y en mis raíces campesinas de las cuales me enorgullezco.

Y mientras su hijo envejece se parece más a usted,
y lo encuentro en todos los rasgos físicos de mi padre, abuelo.

Sijtli

Jamás abandonó esta dimensión,
solo transmutó a un ser inmaterial.

En su forma celestial mi divina providencia,
un horizonte magnético espiritual
guiándome a través de la percepción extrasensorial.

La encuentro en la humilde belleza de las flores silvestres en los cerros
y en el cantar alegre de las gualcachillas celebrando la vida,
en la hornilla y el tizón madre fuego, en la piedra de moler
y la zaranda colgante sobre la cocina que mantenía los alimentos
lejos del alcance de los chuchos y las gallinas.

La encuentro en un delantal decorado con revuelos y encajes,
en el rebozo que usaba para ir a misa y un rosario,
en una guaca en canasto entre papel periódico con olor a carburo,
y en los mercados donde las campesinas venden los frutos de temporada,
en el horno de barro y las casuelejas.

La encuentro en los escobetones hechos de
arbustos para barrer los patios,
en una mecedora, en una cruz con ofrendas frutales cada tres de mayo,
en la ruda la albahaca y el orégano,
en las rosas, hibiscos y veraneras.

La encuentro en un triste recuerdo postrada
a una silla de ruedas deprimida,
pero más en las leyendas típicas que me contaba,
en sus consejos y sonrisas que guardo en la memoria
dándome felicidad y enterneciéndome el corazón, abuela.

Ensayo 2

Desde mi temprana infancia aprendí
que el círculo social entre el cual resido
no le importa en lo mínimo un depresivo.

Que voltean la mirada hacia otro lado
mientras uno es aplastado por él sin sentido de existir.
que se cubren los oídos
para no escuchar los gritos desesperados emitidos
por un suicida pidiendo auxilio.

Que solo nos utilizan como motivo de burla.

Porque no importamos nosotros, los nadie.
porque no existe la empatía ante sentimientos
para ellos desconocidos.

Metztli

Imagínatelo mi musa;
si el amor pudiera rebalsar a través de la piel,
mi piel tendría el florecer de una primavera
ya que inspiras flores de amores en mi ser.

Y si pudiera transpirar este amor por ti
sería sangre mi sudor por provenir de lo más profundo en mi interior.

Si pudiera exhalar mi amor por ti
sería catalizador que al inhalarlo desdoblarías tu ser
hasta alcanzar la iluminación.

Y si pudiera entregarte mi amor sin ninguna restricción
sería la manifestación de un milagro, lo sagrado y lo divino.

Musa

Sabes que te amo,
de forma inexplicable e incomprensible,
intangible te amo.

Como te amé en mis vidas pasadas
al igual que te amo en el presente,
y como te amaré en mis vidas futuras,
como te amo en otras dimensiones y universos paralelos,
supiste, lo sabes y sabrás,
que te amo.

Infinitud

Y aunque siempre termine con el corazón destrozado,
nunca me dejé influenciar por la desconfianza de asumir
que cada nueva relación terminaría de forma idéntica.

Jamás me negué a entregarme por completo al amor
viviendo cada romance de forma desmedida.

Tampoco pretendo empezar a hacerlo,
viviré al máximo sin límites cada relación,
sin arrepentimientos.

Franklin

Si bien creo que durante gran parte de mi vida
te considere una maldición.

Es gracias a ti que logré desarrollar la empatía
por personas como tú, con trastornos psicológicos.
(autismo).

Fue en aquel instante que te golpeaba con violencia,
frustrado porque te habías escapado
y recorrí kilómetros buscándote sin encontrarte,
aterrado que algo malo te hubiese sucedido,
que al verte llorar tan desconsoladamente,
comprendí que eras mi hermano, también un ser humano,
que solo debía darte cariño, que no era tu culpa haber nacido así,
que te debía respeto, que debíamos protegerte.

En ese instante mi corazón palpitó por segunda ocasión,
gracias a ti.

Vicios

Soy adicto a las causas perdidas,
a las tragedias, a los fracasos, a la depresión,
la masturbación, y al café acompañado de cigarrillos.

Estro

En ocasiones, no logro entenderme a mí mismo,
mis voces interiores susurran en lenguas desconocidas.

Entonces, desesperado, me rajo el tórax para arrancarme el corazón.
y así, mientras lo sostengo palpitante en mi mano
derramando sentimientos multicolores,
puedo leer todo lo escrito en sus cicatrices,
paso seguido, procedo a transcribir sus percepciones,

en poesías.

(Des)

Aun sigo observando por la ventana,
esperando si de forma inesperada
apareces de visita para calmar mi alma desesperada,
por entregarnos nuestra forma de amarnos…
¿cuántas horas más tardará la razón y mi
corazón en aceptar que no vendrás?
Solo apelo a la ilusión, imaginación, alucinación,
para materializarte en mi habitación…
Y hacernos el amor, como solo existe entre nosotros dos.

Gran Má

Su esencia para mí, siempre habitará en las rosas…

La recuerdo cuidando su rosal
con toda delicadeza, con tanta dedicación.

Cada rosa florecida por completo,
usted la admiraba, sonreía…
inhalaba su fragancia, suspiraba…
como estando enamorada.

Recuerdo algunas ocasiones
en que logré observarla comiendo pétalos,
como asumiendo que consumiéndolos
tal belleza la absorbería usted misma.

Imposible,
pues usted ya era hermosa en todos los sentidos,
infinitos…

Su esencia para mí siempre habitará en las rosas…
abuela.

Fisura 1

No te estoy dejando por falta de amor, al contrario,
te dejo para que no sigamos haciéndonos daño,
para quererte siempre de forma bonita,
para observarte sonreír en el distante futuro
sintiéndome feliz por ti ante tus triunfos,
para no terminar odiándonos a muerte
deseándonos los peores males existentes
por haber continuado lastimándonos...

Nimajneb

A medida crecí, creció mi depresión,
Nimajneb corazón creció también, multiplicando el amor.

Siempre ha estado oculto dentro de mí,
haciendo acto de presencia solamente
en los momentos "vantablack"
de esto que pretendo llamar vida.

Cada ocasión que aparece,
mágicamente nacen estrellas por toda la superficie
de la esfera obscura ingrávida en que me encuentro cautivo
flotando en su centro desorientado
mientras brillan luciérnagas alrededor por todo el vacío.

Cada punto luminoso que aparece con él
son hermosos recuerdos entre los cuales debo escoger
los que sacrificaré para hacer que mi alma vuelva a arder.

Y así, crear la luz que venga a desaparecer
toda la obscuridad que en ese momento
me envuelve asimilándome.

Tras arder,
recobro mis sentidos y percepción de la realidad
con la leve noción de haber olvidado hermosos instantes pasados.

De esa forma Nimajneb vuelve a ocultarse tras salvarme, Benjamin.
Y sé que muy dentro de mí está él,
cultivando luciérnagas y forjando estrellas. . .

Cráneo/Rosa

Siendo un ser casi al borde del suicidio,
ante el horror que representaba mi vida sin sentido,
descubrí en la creatividad de mi imaginación
la belleza motivo para seguir viviendo.

cráneo/igualdad, muerte, suicidio.
rosa/belleza, creatividad,
pensamientos, sentimientos.
(el ser inmaterial, alma)
colores de pétalos/positivismos, negativismo.
fondo/depresión.

Eutanasia

Tras abandonarlo,
avanzó hacia el futuro caminado sobre el arcoíris de sus anhelos,
trabajando arduamente en perfeccionar su humanismo,
hasta el cansancio arrastrando sus proyectos
desde la imaginación para hacerlos realidad.
ese fue el método por el cual optó para expulsar
aquel amor de su ser inmaterial también.

Un día despertó con amnesia en el corazón,
y asumió que estaba lista para una nueva relación,
dándose la oportunidad de experimentar con alguien más,
más acorde al concepto de amor que ha sido impuesto
por la sociedad.

Descubriendo que aquellos labios no segregaban miel,
que aquellas caricias no producían descargas eléctricas,
que aquel cuerpo no destilaba amor en el acto sexual.

Descubrió que con otro hombre
a pesar de tener todo lo que dictaba aquel concepto,
no tenía lo que en verdad ella necesitaba.

Y palpitó el corazón de nuevo
recordando aquel al cual había abandonado,
y comprendió que aquel depresivo ser melifluo le había entregado
lo único que todo el tiempo ella había necesitado.

Suicidio

Luego del abandono tan solo vagaba errante
a la deriva de su vida suicida.

En su inconsciente viacrucis de autodescubrimiento
a siete estaciones, siete musas rotas,
ilegibles poemas que no pudo ignorar
al observar que cada una estaba escrita
con diferente color de tinta.

Y él que siempre se alejó de las complicaciones
en esas ocasiones se entregó por completo
a la restauración de cada una de ellas.
aun a sabiendas que cuando las leyera
y escucharan la bella poesía que eran, se marcharían.

Y aunque todas lo abandonaron,
cada una le dejó un color como regalo de gratitud
junto a la promesa que un día sabría cómo utilizarlos.

Cierto día casi en su crucifixión al borde del abismo
brotó de su corazón un arcoíris,
entonces comprendió la promesa de las siete musas
y la finalidad de cada color que le habían obsequiado,
Siendo aquel arcoíris un camino de esperanza hacia el futuro.

Psicosis

Sí…
Me estás volviendo tan loco
que al ver esa foto donde presumes tus labios
no pude evitar el besar la pantalla del celular, ilusionado…
Y mi cerebro segregó el recuerdo de tus besos
de tal forma que aunque estás ausente, pude saborearlos.

Sosiego

Y repentinamente hay canciones que me hacen llorar,
pero es un llanto que podría interpretar como felicidad,
sin sentir la asfixia del desconsuelo,
solamente derramando lágrimas que se deslizan pacíficas,
produciendo un sentimiento de total libertad, suspiro.
supongo son explosiones repentinas de paz interior,
qué belleza es llorar de esta forma...

Arder

Después de cada incendio infernal de la psique,
renacen flores diamantes prismáticas
transformando pequeños instantes de paz lumínica,
en coloridas poesías.

Imposible

Jamás podré describir los paisajes
que divinamente se manifiestan brotando espontáneos
entornos de su belleza abstracta.

Repentina ignición halo lunar coronación ritual
al unísono florecer de sus alas iridiscentes
celestial majestad.

Bioluminiscente existencia etérea,
estro inefable, intangible milagro.

Yo, distópico sacrílego ser deseando merecer tener
aunque fuese la más diminuta esperanza
que ella, mi sagrada acendrada utopía
notase por un instante, mi existencia.

Amor platónico...

Escisión

Existen los finales felices, no solo aquellos a los cuales
nos tienen acostumbrados los cuentos de hadas.
también existen los que, tras el avance del tiempo
el descubrimiento y la aceptación de incompatibilidades,
maduramente deciden dos seres terminar su relación amorosa,
dándose la mano en agradecimiento por el
conocimiento mutuo aportado.
entregándose el amor restante del uno al otro,
perdonándose las erratas y heridas,
despidiéndose de forma amistosa para cada uno emprender su viaje
en direcciones opuestas por caminos diferentes...

¿por qué deberían odiarse a muerte por el resto de sus vidas,
dos seres que se amaron de maneras desmedidas relativas eternas?

Existencias

Todos vivimos en una realidad alterna individual,
relativa en torno al fanatismo de cada uno…

Oxidación

Ella tiene la química perfecta
para hacerme explotar tanto en pasiones
como en algo que podrías llamar amor,
pero un amor distinto al que todos experimentan,
es algo especial casi indescriptible.

Nunca entenderás cuán especial fue,
cuán especial es,
aunque lentamente se va, se aleja..
y sin embargo yo me aferro a todo lo que es para mí
atesorándola en mente y corazón tal cual ha sido conmigo.

Se va pero se queda conmigo,
aunque no lo entiendas,
en los universos paralelos que poseo y accedo a mi voluntad
siempre está ella a esperas de mí para dedicarme sus sonrisas,
para amarme y darme el sexo maravilloso
del cual solo pueden disfrutar dos seres tan compenetrados,
como nosotros.

Claridad

Espíritu celeste,
cada madruga es arrastrada
al infierno de sus depresiones.

Para salir de su prisión,
con sus crayones colorea sus sombras
de matices iridiscentes.

Puedes quedarte sin aliento ante tal ser angelical,
pero ella en soledad,
ante su reflejo solo observa un rostro deforme
compuesto por los demonios ocultos en su psique.

Frente a otros seres refleja tiernamente luces ajenas,
al igual que la luna.
Pero en su confinamiento tan solo contempla sus cráteres;
secuelas de impactos meteoritos depresivos.

Algún día comprenderá que por bondad con sus demonios
mantiene la luz encerrada en su corazón,
convirtiéndose inconscientemente en una prisión.

Abre tu corazón liberando la luz por todo tu existir,
extinguiendo todas tus sombras,
que son los escondites de tus traumas…

Eutanasia x Suicidio

Ambos perdieron la noción de sus localizaciones,
recordándose mutua vagamente distantes
aferrándose como esperanza placebo a la dulce duda de
¿qué hubiese sido nuestra vida juntos?

Tras los romances fallidos aceptaron su soledad,
vacíos de ilusiones amorosas caminaron por diferentes arcoírices,
descubriendo la grata sorpresa de que estos,
casualidad o destino, coincidían coordenadas finales.

Revelándose cada uno, como tesoro del otro.

Gran Pá

Recuerdo el iris de sus ojos rodeados por un aro azul,
también recuerdo su cabello plateado...

ahora entiendo por qué en su vejez fue tan poderoso,
aprendió con los años,
a mantener el estado super saiyajin
aunado al ultra instinto.

Efeméride

Después de varios años sobrio,
vuelvo a despertar en el piso del baño
naufragando en mi propio vómito.

Pero esta vez hay algo diferente,
no siento la resaca depresiva de antes.

Esta vez es la resaca más asquerosamente feliz
que he sentido en mi puta vida.

Todo anoche celebré en la forma etílica vulgar de las plebes,
el haber por fin materializado un sueño...

Película

Y esta ansiedad suicida,
Me manipula cual Freddy Krueger
tirando de mis tendones como hilos de una marioneta,
acercándome al abismo…

Entonces mi instinto de conservación,
Me pone un bozal al igual que un perro rabioso
y me inmoviliza sometiéndome con una camisa de fuerza
Cual si fuese yo, Hannibal Lecter…

Exégesis

Y vaya que fui arrogante
al creer que con mi inteligencia en soledad
podría solucionar tal desastre…

Subestimé tu estupidez.

Entidad

Oculto te observo,
en silencio te alabo,
en el misterio te mantengo
y en secreto te amo.

Menosprecio

Mientras busco ser alguien,
descubro ser él alguien más nadie.

Buscando hacer algo grande,
hago la más grande nada.

Y mientras busco la grandeza,
descubro la grandeza, de mi insignificancia…

Ritos

Mis abuelos fallecieron mientras era un ilegal migrante,
distante, no pude estar con ellos en sus días finales,
ni tuve la oportunidad de una última despedida;
de lanzar un puñado de tierra más una flor sobre sus féretros
dentro de sus sepulturas, antes de ser enterrados.

Varios años pasaron y por fin pude regresar a mi tierra,
cuánta tristeza descubrir su ausencia en aquel lugar,
nuestro hogar, entre los cerros.

Como de forma impulsiva mi corazón me arrastró, hasta sus sepulturas.
Siempre he creído que la muerte es la extinción de toda consciencia,
por tanto nunca he creído en los rituales celebrados a nuestros muertos.
Sin embargo, ahí estaba yo, frente a sus
sepulcros, cargado de ofrendas florales.

Mientras decoraba sus cruces en silencio, en
mi mente conversaba con ellos,
les expresaba mi dolor de haberlos perdido; contándoles mis fracasos
y las mil experiencias que he vivido durante estos años tan lejos de casa.

Al terminar de acomodar las flores, me paré frente a sus sepulturas
y como si respondieran a mi conversación, afloraron recuerdos que,
supongo, estaban enterrados en lo profundo de mi memoria.
Cuánta dulzura, cuánta ternura, cuánto amor me entregaron
durante el tiempo que compartimos juntos en vida.

Negué al nudo en mi garganta desatarse, mientras
unas lágrimas fluyeron en silencio;
me sentí aliviado, invadido por una paz profunda, sonreí...

Entonces lo entendí, tales rituales no están dirigidos
a la obtención de un lugar celestial para el alma de nuestros muertos;
están dirigidos a nosotros, los vivos.

Para no ser consumidos por el dolor, para desahogar el sufrimiento;
liberarnos de culpas y remordimientos,
Para mantener vivos en la memoria a nuestros amados difuntos.

Por todo lo que representan en mi existencia, gracias, abuelos...

Meteoro 2
(Realidad)

81

Pedir un deseo a una estrella fugaz es todo un ritual.
tal deseo solamente es válido si brota espontáneamente de tu interior,
fluyendo en un suspiro, susurro enmudecido;
en el momento preciso sin premeditación.
la expresión más pura y sincera del corazón.

Tras dejar al descubierto para ti mismo eso tan anhelado,
Avanzarás sin miedo corriendo riesgos, asumiendo que el universo
habrá delegado la divina providencia, para trabajar a tu favor.

Entonces, ignorante de tal placebo lograrás hacer realidad tu deseo,
el cual inconscientemente te negabas, por no creer merecerlo...

Sexamor 2

Que nuestro ritual erótico previo desborde tu libido,
te derrita el corazón chorreándose en magma por tu vagina
derramándose por tu vulva; para beberlo mientras te la beso.
Con mi labio superior retroceder tu prepucio clitorídeo,
mientras mi labio inferior al unísono con mi lengua lentamente acarician
desde la horquilla vulvar hasta el frenillo clitoriano,
repitiendo e intensificando, para luego con una suave succión
traer al interior de mi boca entrecerrada tu clítoris,
exponiéndolo al recital de lamidas vibrantes lentas y prolongadas,
mientras alterno lamidas chupetones a tu ano,
besaré, lameré y chuparé cada milímetro de tus genitales
hasta llevarte al borde del precipicio orgásmico.

Luego penetrarte, sentir el infierno provocado en tu vagina,
que se escurran tus fluidos por mi escroto
hasta gotear.
Dejarnos guiar inconscientes por la instintiva pasión
a través del kamasutra hasta que en "la unión de la diosa"
ambos en orgasmos sincronizados nos entreguemos a "la petite mort"

Y al resucitar quedarnos en un abrazo, cariñándonos...

Dualidad

Vos y yo, mi amor,
somos reflejos duales el uno del otro.

Vos, humilde,
dulce y simpática.
Alegre, lúcida y eufórica,
todo el tiempo serena
derramando amor.

Yo, arrogante,
amargo y antipático.
Triste, frustrado y depresivo,
todo el tiempo rabioso
rebalsando en odio.

Vos y yo, mi amor,
somos reflejos duales el uno del otro.

Porque tu personalidad es el "yo"
reprimido en mi interior intencionalmente.
Y mi personalidad es el "vos"
reprimido en tu interior bajo el peso de tu bondad.

Penumbra

Oculto tras un tronco caído
aquel pequeño sombra observa enamorado
a la dueña de su corazón,
aquella pequeña luz que se pasea las noches
entre las flores iluminándolas brevemente
dejando ver sus colores entre la gris obscuridad.

Los ojos de sombra reflejando luz
y los ojos de luz reflejando sombra,
miradas de complicidad amándose mutuamente
a pesar de saber que jamás podrán abrazarse
entregándose a ese amor inocente.

Ya lo intentaron antes,
cuando sombra intenta abrazar a luz, ella se apaga;
cuando luz intenta abrazar a sombra, él se ilumina.
cada uno desaparece bajo las cualidades del otro.

Pero aprendieron a amarse sin tocarse,
suelen sentarse poniendo una piedra entre ellos,
la cual por su tamaño puede aislarlos de las cualidades del otro
evitándoles herirse de forma inconsciente.
De lados opuestos se recuestan en la piedra
imaginando que pueden tocarse, abrazarse y besarse a través de ella,
haciéndose el amor en conversaciones recitales sentimentales.

Y así repiten su historia cada noche de luna llena,
porque solo esas noches las entidades de luz y sombra espirituales
pueden convivir en la misma dimensión,

para amarse. . .

Conmiseración

Ese sentimiento,
que revela el universo en tus miradas;
no es amor, amor mío.

Cuánto dolor causa el asumir
que ese sentimiento es una lástima profunda,
hacia mí.

Lástima por descubrir a un hombre tan
miserable, fracasado, deprimido…
Un hombre tan quebrado,
que de tanto reconstruirse a sí mismo se ha vuelto un mosaico abstracto,
donde los demás solo ven una proyección de su propio subconsciente.

Alucinación 2

En mis sueños me besas,
me besas como si confesaras haber sido consciente de mi amor por ti
y a la vez, haberme amado en igual magnitud.

Me besas, como si estuviéramos en una vida
donde no cometimos los errores de callar
negándonos la belleza de una historia romántica.

Sueles visitarme en sueños,
solo para hacer que vuelva a enamorarme,
solo para hacer que el corazón, vuelva a quebrarse...
solo para que vivamos en sueños lo que jamás fue,
ni será realidad...

Sopor

Suelo caminar en soledad
buscando pasar desapercibido,
con música en mis audífonos
para contrarrestar el ruido
emitido por esta ciudad.

Avanzo perdido en mis pensamientos…
sueños de mis próximos fracasos.

Promisión

Promete,
que vamos a amarnos en la próxima vida,
Porque esta,
Ya se nos volvió una completa mierda...

Vestigios

Aunque me enterraste entre tus jardines luego de asesinarme,
aun así,
la descomposición de mi cadáver enamorado fertilizó tus plantas
hasta hacerlas florecer cual paraíso imposible,
ese fue mi último acto de amor.

Concepto

No sé si resulte comprensible,
pero el amor no depende de uniones físicas,
quizá ni siquiera dependa
de un tipo de interacción mutua,
el amor, como yo lo concibo,
es un corazón que extrajo la esencia inmaterial de otro ser
para incorporarla en sí mismo evolucionando su alma,
aproximándose un poco más a la divinidad.

Mami

Sé que se mantiene pendiente de mis pasos,
aun así, para evitar que sufra
intento ocultarle mis fracasos.

Pacto

*Te tengo una propuesta para nuestro ansiado reencuentro
después de tantos años lejos.
Entreguémonos en nuestros besos el mismo sentimiento
con el que nos dimos el primer beso cuando éramos niños,
con aquel nerviosismo, con aquella inocencia,
que después de un momento fue convirtiéndose en un incendio,
desatando una pasión que después de tanto tiempo,
sigue manteniendo una chispa en nuestros recuerdos.*

Algolagnia

Camino lentamente
en una cuerda floja sobre el abismo;
con una soga alrededor de mi cuello
como un equilibrista desafiando el suicidio.
Entonces aparece ella
bella en su máximo esplendor,
que tras coger impulso
se lanza desde el borde de forma violenta
para entregarme un abrazo frontal,
mortal; al hacerme perder el equilibrio y caer.
sus brazos sobre mis hombros rodeándome el cuello,
sus piernas rodeando mi cintura,
aferrada a mí con todas sus fuerzas
mientras descuelga su peso repetidamente
para asegurarse del desprendimiento
de mis vértebras cervicales.

No sé si eso es el amor verdadero,
buscando cumplir mi deseo de morir.
No sé si eso es el odio más sincero,
buscando asesinarme tras un ataque de celos.
No sé si es maravilloso o aterrador…

Colisiones

Intentar conquistarte,
sería como acelerar a fondo
consciente de que voy a estrellarme
contra una pared inamovible,
sería un suicidio...

Pero yo, siempre he sido un suicida...

Desilusión

Fuiste arrancada de mis sueños
y arrastrada a la vida real,
lanzada en dirección contraria a mi existencia,
y mientras rastreaba tu ubicación,
alguien más me robo tu corazón.

Fisión

Estando a milímetros y milésimas
de sus labios,
mi corazón plutonio-235,
en sus besos neutrones,
fisión,
reacción pasión nuclear en cadena

. . .

Promisión 2

La muerte se hizo presente
arrancando de tu lado al ser amado.
Te escuché jurarlo
—por el resto de mi vida voy a amarlo—

Y yo, tu infiel enamorado, frustrado,
solo opté por preguntarte
—¿podrías prometerme, en alguna de tus próximas vidas,
una oportunidad para amarnos?—

Con triste dulzura cruel respondiste
—aunque resulte improbable teoría
que nuestras almas vuelvan a renacer en otras vidas,
si existiese tan solo una probabilidad mínima,
en cada una de ellas, lo buscaría, para continuar amándonos—

Tu respuesta, infierno envolvente incineración,
petrificado ser reducción cenizas,
desintegración "slow motion" dispersión en leve brisa.

Vaciedad

Dijeron: quien quiere suicidarse simplemente actúa,
sin hablar tanta mierda, como tú lo haces.

Cuán profunda tristeza invadió mi corazón
tras tal respuesta vacía tan ausente de empatía.

Reflexioné,
sobre cómo tal respuesta indiferente ante alguien que se hunde lentamente
pidiendo ayuda desesperadamente puede ser el último justificante
de que lo mejor que puede hacer es colgarse.

Reflexioné sobre mi vida,
sobre mi tendencia suicida que cargo desde la infancia,
sobre lo contradictorio que resulta que a pesar de sentirme insignificante,
he resistido tanto tiempo sin doblegarme gracias a mi megalomanía.

Busca tu independencia de la aceptación social,
que no ejerzan ninguna influencia sobre ti
las negativas recibidas ante tus delirios.

Encuentra tu propio medio individual para descomprimirte,
si lo logras descubrirás
que toda esa mierda es el mejor fertilizante
para hacer florecer tu alma.

Dilación

Suelo descubrirme parado tras la ventana
con la mirada perdida, observando nada.

Repentinamente despierto del trance
y recuerdo el motivo por el cual adopté tal costumbre,
en aquel pasado locamente enamorado
solía pararme tras el cristal del ventanal
observando el entorno con ansiedad,
rogando al universo que sorpresivamente
apareciera ella frente a mi ventana, sonriendo,
confesándome que no podía soportar
un instante más distante de mí,
que me amaba de forma desmedida,
buscando quedarse a mi lado
por el resto de nuestras vidas.

Destino perdido en el nunca jamás.
inconscientemente sigo esperando, lo inexistente.

Ocasos

Durante mi infancia observé maravillado
la vital belleza de mis padres.
Sigo aspirando conseguir la grandeza
que ellos han alcanzado.

Ahora que son adultos mayores los veo y su vejez me despierta ternura,
deseos de protegerlos de esta vida
que obliga a los viejos a seguir luchando,
sin descanso, hasta su último aliento.

Los veo en decadencia y siento impotencia
ante su continuo sacrificio por mi incompetencia.

Cegado por mis ambiciones los dejé abandonados,
esclavo de mi egoísmo ignorando sus necesidades
el tiempo los fue consumiendo,
mientras yo, por buscar placeres insignificantes
los dejaba de lado
sin darme cuenta de que ellos son lo más
importante y sagrado de mi existencia.

Desleír

Antes tenía el corazón roto,
esparcidos los pedazos a través de mi historia pasada…
al reencontrarte; tras tus miradas y sonrisas
fui recolectándolos todos y acumulándolos en un crisol.
Llegó tu pasión incendiando el fuego de mi amor
para fundir los trozos en un solo corazón…

Y hoy por hoy este entero corazón te pertenece.

Vulnerable

Solo soy un puto manojo de fobias y psicopatías,
un cerote que en sus delirios de grandeza
cree ser un diamante.

Irisnauta

Cada vez que observaba sus ojos
me sentía como un humano desterrado del planeta
admirando desde afuera la esfera azul de la tierra,
con el aliento cortado, maravillado,
nostálgico, deseando regresar a mi hogar...

anhelando en sus ojos volver a ser el sol que los hacía deslumbrar.

Fisura 2

En este final, yo pierdo más…

Pierdo una mujer, mi esposa…
Pierdo una casa, nuestro hogar…

Y ella respondió "Yo te pierdo a ti,
lo pierdo todo, ya que eso eres para mí…"

Dulce mentira cruel cínica compasiva.

Holografía

Estás a mi lado... sin estarlo.

Proyecto tu holograma
mediante las ondas que produce la vibración de mi corazón
que solo recita tu nombre en cada pálpito.

Y sé que tú desde allá donde estás
proyectas tu alma para complementar con tu esencia
este delirio que alucino de ti.

Sin estarlo... estás a mi lado.

Ensayo 3

En mi adolescencia descubrí,
que uno tampoco se puede abrir el corazón
con la mujer amada.

Todas ellas huyeron aterradas, abandonándome,
luego de recitarles mis delirios depresivos suicidas,
¿qué mujer querría amar a un hombre que podría
truncarse el futuro por voluntad propia en cualquier instante?,
dijeron.

Caliope

Ella no es poetisa,
pero cada que habla es un recital de poesía.
Yo creía ser poeta,
pero cada que ella habla de amor;
Me vuelve idiota.

Parafernalia

Me encantaría olvidar todos los protocolos del romanticismo,
evitar de esa manera el obligarme
a la incomodidad de socializar
y directamente invitarte a este pequeño infierno paradisiaco
que es mi habitación.

Aquí realizar todo ritual de cortejo,
disminuir el tiempo de conocernos
hasta llegar al mutuo acuerdo del sexo,
para así avanzar nuestra historia de un futuro juntos.

Pero sé que no aceptarás eso,
entiendo mis limitaciones y tu ilimitada belleza,
te mereces todos esos protocolos románticos y mucho más.

Mientras yo abrazo mi soledad aceptándola como un destino inevitable.

Prostitupsique

En mi cansancio de los protocolos
impuestos por la sociedad respecto al correcto cortejo,
opté por pagar a cambio de sexo.

A mis 37 el dinero trajo a mí
mujeres que mi labia jamás hubiese conquistado.

Ellas son dos hermosas mujeres en sus veintitantos,
el aroma a juventud de su piel y espíritus
suele disipar el aroma a cigarrillo que siempre llevo encima.
ese aroma a amanecer que me vuelve loco por cogerlas.

Y me comporto como un caballero
porque ellas son unas damas en su máxima expresión,
pero no estoy dispuesto a complacerlas buscando su orgasmo,
todo esto es por mi satisfacción sexual.

Tras acabar me gusta observarlas desnudas sobre mi cama,
qué maravilloso paisaje,
son la belleza en perfección de carne y hueso.
Entonces conversamos,
me cuentan sus metas, sueños, motivos y futuros.
Qué maravillosas mujeres, mentes y corazones libres
dándolo todo por cumplir sus objetivos.
Las carreras de las cuales buscan graduarse tienen que ver con defender
a niños, adolescentes y mujeres de la violencia, me parece irónico.

Qué bellas mujeres, qué bellas mentes, qué bellos corazones.
Si un día me cobraran por tales conversaciones, no sabría qué hacer,
porque a tal placer jamás podría ponerle un precio.

Efecto

Puede,
que cada decisión que he tomado
me haya traído hasta este lugar,
llámalo destino o casualidad.

Su mera existencia comprueba mi teoría:
que en este micro infierno de asfalto y cemento
sabia naturaleza obsequia a nosotros los poetas
el milagroso florecer de la más bella mujer.

Ella,
hermosa flor musa recuperando este gris gélido habitad
grafiteando sentimientos de colores,
reconstruyendo el paraíso terrenal. . .

Etéreo

La observaba tras el cristal
conforme y confiado a mi invisibilidad social,
estaba seguro de solo querer observarla
y memorizar a detalle cada milímetro de su belleza,
me encantaba cada gesto suyo al hablar
aunque fuesen dirigidos a alguien más.
Estaba seguro de querer ser solamente un observador
y arrancarle inspiración
siendo invisible e inexistente para ella.

Pero el verla tan maravillosa me hizo actuar impulsivamente
para intentar que de alguna forma, reconociera mi existencia.

Fluctuaciones

Ella me hace contemplar el traicionar mis ideales,
lleno sus publicaciones de "me encanta"
como si aquello fuese una confesión exacta de mis sentimientos por ella.
pero ¿por qué debería creer que tal cosa me da
un lugar especial en sus intenciones?
entiendo que ante su belleza se presentan
opciones más adecuadas a su vida.

Pues yo solamente soy un navío a la deriva
de mi ego, vanidad y arrogancia,
de mi propia voluntad aislada de la necesidad de aprobación social.

Aleatorio

Estas ganas de hacerla mía,
de conocer qué fuegos arden en su alma,
de conocer el sabor de sus deseos,
el ritmo que impone su pasión,
de conocerla como mujer en el sexo...

———

Hasta llego a dudar de mi ateísmo
cada vez que aparece frente a mí
como un milagro con su divina belleza,
iluminando la existencia con la presencia de su alma.
Hasta llego a dudar de mi ateísmo
cada vez que aparece frente a mí,
como un milagro...

———

Y me quedo medio oculto intentando observarla sin que lo note,
sintiéndome como un niño inexperto en el amor,
deseando halarle el cabello para llamar su atención
e invitarla a que juguemos juntos...

———

Usted es un ser bioluminiscente
vagando por los obscuros pasillos de mi mente,
Iluminándolos...

———

Traiga toda su luz hasta mi obscuridad,
crearemos el más maravilloso eclipse. . .

———————

La observo tras un cristal cual tesoro sagrado del cielo,
hipnotizado en su arte, seda, fuego y diamante.

Ensueño

A veces,
despierto en la madrugada con el feliz sentimiento
de haber dado a luz en sueños un verso inspirado por usted.

Se me ilumina el rostro imaginando arrancarle una sonrisa
al recitárselo vehemente cuando la casualidad
me conceda la oportunidad de verla.

Pero qué cruel resulta ser mi amor platónico,
la veo y se retuercen mis entrañas,
supongo que esta sensación es la llamada
"mariposas en el estómago".

Creo que mis mariposas al verla cual flor hermosa
intentan escapar de mi interior
para deleitarse con el néctar de su aura.

Mariposas, que al querer salir todas de golpe amontonadas
se quedan atoradas en mi esófago cortándome el aliento
dejándome sin poder emitir ni un solo sonido.

Quedándose aquel verso soñado sin ser expresado
ante su espejismo.

Complicidad

Le contaba la historia de un posible futuro
dictado por los delirios de mi mente,
Le dije: —a lo mejor y salga premiado con la muerte—

Y con su esencia meliflua me respondió:
—Nombe, no jodas vos.
¿Me vas a dejar aquí comiendo mierda sola, pues?
Mal caes—

Su respuesta fue en mí como un desdoblamiento,
deseando solamente tomarla entre mis brazos,
entregarle toda mi existencia en un beso,
para concluir diciéndole:
—Te Amo—

Pira

Yo la amo en toda su gracia...
(esa palabra resume a perfección todo lo que amo de ella)

Pero luego de arder en libertad en su total sexualidad...
no hago más que desear cogérmela.

Para luego de satisfacerme de su gracia y de su sexo...
entender que con ella siempre fue, es y será: hacer el amor.

Aurora

Sí, lo más cabrón
es destrozarte el corazón
al apenas despertar,
en pleno amanecer.

Alucinación 3

Y no sé por qué después de tanto tiempo
hoy regresaste a visitarme en sueños.

Me traías tantos besos guardados
de sueños pasados
que hasta asfixiaban por apasionados

Aura

Aquella mañana fue como una revelación,
me encontré de pie frente a usted
con el aliento cortado y mi mente completa en blanco,
qué momento tan extraño
pues nunca en mi vida le di tal importancia a
la belleza exterior de una fémina.
Aquellos segundos eternos fueron interrumpidos
por el primer pensamiento
que vino a mí, sacándome del limbo mental al
que su presencia me había transportado:

——qué aura tan misteriosa de colores inimaginables, como un caos
de poesías revueltas en un lenguaje olvidado por el tiempo, anhelo
descifrar cada verso para que tal belleza perdure eternamente——

Entonces lo comprendí, mi mente se apaga completamente
poniendo todo mi ser a disposición de hacer la traducción
de su esencia poesía.

Nebulosa

Es una mujer bioluminiscente
adaptada perfectamente
para sobrevivir en las obscuridades del abismo.

Nunca antes había visto una mujer vestirse con sombras
y que esto resaltase su belleza
como sucede con ella.

En ella las joyas que usamos los suicidas
para decorar tristezas se vuelven tesoros sagrados.

Y sabes...
la veo desde el disfraz hasta su realidad,
adaptación al entorno y evolución
siendo arte abstracto a comprensión única;
de un poeta suicida.

Nunca antes había visto una mujer
vestirse de obscuridad y sombras
para ser tan maravillosa
como sucede con ella...

Curda

Un camarada de vergueras suele hacer referencia
sobre el porqué de nuestro encule al guaro
usando siempre la misma frase:
"Lo que me gusta de esta mierda es el chispazo que me da".

A veces recurro al alcohol porque
"el chispazo"
causará un incendio de pasiones
que me harán sentir la vida en su máximo esplendor.

A veces me niego el alcohol entendiendo que
"el chispazo"
encenderá la pólvora de mis depresiones
disparando un proyectil,
que explotará mi cabeza.

Porque aquella botella
a veces es unos labios besándome apasionadamente.
Y en otras, es el cañón de un revólver
dentro de mi boca a punto de volarme los sesos.

"¡¡¡Hoy sí nos llevó la gran puta!!!"

Cenizas

Fumaba mis cigarrillos con desesperación,
anhelando que los hilos del humo suturaran mi corazón
que se desgarraba con la presión de la desilusión.
Terminé la cajetilla en un instante
y tras cada colilla que caía,
me desmoronaba un poquito más...

Coger

Y mientras te cojo,
directamente a través de mis ojos te observa mi alma,
esperando el momento en que asome la tuya
curiosa por conocerme completamente,
para poseerla y transmutar en un alma nueva,
y para el resto de nuestras vidas, ser un nosotros.

Reconstrucción

Es una desgracia el necesitar repararte
a través de la música,
y que los audífonos no alcancen el volumen necesario
para enviar las vibraciones del sonido
hasta lo más profundo de tu ser...

Féminas

Será obra del pequeño mundo que gira en torno a mi ser,
Pero al parecer es difícil encontrar a una mujer
que deje florecer en igual magnitud mente y corazón.

La mujer inteligente suele racionalizarlo todo,
poniéndole freno a la explosión de sus sentimientos.

La mujer sentimental se deja arrastrar por sus pasiones,
a tal grado de volverse casi irracional.

¿Dónde se encuentra una mujer que haya logrado unificar ambos,
mente y corazón logrando su perfección?

Impregnación

Desde que me gusta aquella canción,
siempre fue mía,
nunca tuvo anexos sentimientos ajenos
ni nostálgicos recuerdos.

Es como si todo el tiempo estuvo esperándola destinada
a complementarse con la presencia de su ser en mi existencia.

En aquel momento mientras la canción sonaba
la observaba disfrutar la tonada
del solo de guitarra de forma apasionada,
y quedó la melodía impregnada con su esencia,
a tal grado que ahora
las ondas sonoras de aquella canción dibujan su silueta
permitiéndome el romance de un vals
con usted en soledad…

Es la danza de mis huesos con su alma.

Toxicómano

Esta noche se apoderó de cada nota
que Gary Moore entona en su guitarra,
ya posee desde hace un tiempo mi pensamiento,
y el corazón; poco a poco va cediendo a su gracia.
Acostado en mi hamaca
a través de mis audífonos sonaba
"Picture of the moon" mientras fumaba.
¿Qué tan al borde del precipicio del amor
debe estar un hombre
para entregarle a una mujer la inspiración de un cigarrillo?
Lo cierto es que en cada bocanada su rostro se dibujaba.
Dudo que fuese el efecto
de todo el whiskey Jack Daniel's que había tragado,
pero aquella última bocanada
antes que disiparse en el aire llevándose su rostro,
se fue condensando y aumentando
dibujando por completo su imagen flotando sobre mí.
Pude ver su espectro de humo sonreír,
esa sonrisa que suele aparecer fugaz justo antes de entregar un beso.

La vi extender sus brazos para sujetarse a mi cuello
y como en "slow motion"
se fue acortando la distancia entre nuestros labios,
mientras su cabello de hilos de humo
creaba un velo alrededor de nuestros rostros
resguardando ese evento
explosión de supernova para que fuese solo nuestro;
que ninguna otra ánima alrededor presencie tal milagro.
Pude sentir su aroma, sus labios vueltos carne,
el café con miel de su saliva, la seda de su cabello,
pude sentirla mía...
Y abrí los ojos deseando descubrir que estaba aquí en realidad,
solo para encontrarme con la triste sorpresa
que el humo lentamente empezaba a disiparse.
Intenté aferrarme con desesperación a su imagen
para arrancarla de esa dimensión
y mantenerla un momento más a mi lado, pero fue imposible.

El humo es intangible...

Efímero

Y alucinarla al unísono de aquella canción
fue el presagio de un final trágico.
El final de un amor sin principio
que jamás tuvo futuro.

Achares

Era el hecho de ver tu sonrisa florecer sin ser yo tu primavera,
que me causó un invierno, un infierno...

Converger

Y ahí estaba yo, parado al borde del infinito
preparándome para lanzarme al abismo,
Y allá estaba ella, justo batiendo sus alas
preparándose para ascender al infinito.
ella saltó con todo su poder para empezar a ascender,
mientras yo suavemente me dejé caer sin esperanzas.
Ella parecía una estrella fugaz
ardiendo en su sueño de explorar el universo,
yo era basura espacial entrando a la atmósfera incinerándome
hasta volverme cenizas.
A medio destino, yo en mi descenso y ella ascendiendo,
nos encontramos envueltos en fuego,
cruzando por un segundo nuestras miradas
pero diciéndonos todo.

Le dije que subí al infinito buscándola a ella,
aun sin tener ni idea de cómo era.
Le pregunté por qué la sabiduría y la locura eran tan idénticas.
Por qué justo ahora se aparece con su sabiduría
si yo ya no puedo parar más esta locura.
Le dije que el infinito estaba hecho para ella,
pero que ella está hecha
de la misma esencia que están hechos mis delirios.

Me respondió que si quedaba vivo tras el impacto
que fuera por ella,
que no tardase mucho tiempo
porque luego del infinito, ella puede ir más allá.
Me respondió que la sabiduría y la locura
no son idénticas, son exactamente lo mismo.
Que no apareció por casualidad,
que nuestro encuentro estaba escrito en el destino.
Que no querría jamás que abandonase mi locura,
porque nuestras locuras podrían estar juntas.
Que el infinito, y más allá,
era el lugar que podríamos juntos llamar hogar.
Que no querría ser de la misma esencia que mis delirios,
ella querría ser mis delirios en esencia.

Ella ascendía sin mirar atrás, yo descendía tan solo observándola a ella.
Ella desapareció en el infinito,
mientras yo me reventaba contra la realidad.
Debo levantarme,
debo levantarme e ir tras ella, debo levantarme. . .

Descenso

Caminé por todo aquel pasillo
como si fuera un condenado a muerte
tirando pedazos de mi corazón al piso trazando un camino
con decadente esperanza
de una sutil señal que me impidiera largarme.

Pero al llegar a mi puerta de abordaje;
Pude notar cómo mis cuervos de la desesperanza
devoraron los trozos que marcaban el camino de retorno
a mi tesoro divino.

Abordé el avión
cubierto por la nube de cuervos volando a mi alrededor…
graznando mi llanto ahogado.

Todo mi vuelo fue la representación viva
de "la lágrima de Lucifer" pero en sangre,
un ángel cayendo en descenso al infierno…

Al infierno de que el amor de mi vida
se había convertido en mi eterno tormento.

Utopía

A como van las cosas,
simplemente nunca podré compartir
una noche estrellada con ella.
Observando la belleza de la bóveda celeste
al reflejar el universo de su alma...

Robos

Quiero que usted sea el motivo
para robar las flores de los jardines
que encuentre por mi camino.

Evol

Y ella dijo:
Quiero ser la soprano que te haga los coros
entre los guturales de tu vida.

Disolución

Ya no te odio; te perdono.
Ya no te amo; te agradezco.

Sin dolor; libertad.
Sin rencor; empezar.
Leerás… entenderás… felicidad.

Bea

Bonito
Es
Amarla.

1.

En mí ha cambiado mucho la historia del aeropuerto...

Si antes pensaba en el estallido de pasión y el incendio;
ahora creo que del choque de nuestro labios
se expandiría todo un universo
y entre todas las galaxias naciendo de nuestros besos
saldrían corazoncitos de todos colores.

En definitiva,
lo que quiero es ver nacer universos de nuestros besos.

————————

2.

Y siempre los escuché hablar sobre la química
entre dos personas de forma herrada;
como si se tratara de desatarse una lujuria mutua instantánea...

Pero ya experimenté la verdadera química;
fue como derretirnos mutuamente en una mirada
creando una amalgama de todos los atributos sagrados y humanos
para dar paso a una nueva existencia...
la esencia del eterno misterio del universo y los dioses.

3.

Nada es lineal en la existencia,
todo existe concentrado en un solo punto;
desde el tiempo hasta los universos,
desde las dimensiones hasta las realidades,
desde los lugares sagrados hasta los malditos descritos por las religiones.
Todo existe e interactúa superpuesto en un solo punto.

En ese punto nos encontramos,
concentrando todas nuestras vidas en nuestros corazones
en ese instante preciso para intercambiarlos cual regalos
de amor y eternidad.

De todas las vidas pasadas en que nos amamos,
de esta presente en que nos estamos amando,
de las futuras en que nos encontraremos para seguir amándonos,
de todas esas vidas concentramos nuestro amor en
cada corazón para intercambiarlo. . .
Por si no volvemos a vernos.

———————

4.

Y cómo puedo hacer una descripción
de todos estos sentimientos que desata en mi corazón,
Parece que no existe una forma de explicar
todo lo que nos sucedió en ese instante de
nuestro primer y único encuentro.

Desequilibró mi ritmo cardíaco
haciéndolo fluctuar en caos y locura, paz y euforia.

Como un terremoto
desestabilizó los cimientos de mi ego y mis ideales,
sacudió los pilares que sostenían
la Antártida de mi orgullo hasta derretirla.

Fue como si con su mano tomara el sol
y lo arrojara sobre mí
para aplastarme destruyendo hasta el planeta.

Cómo puede ser una sonrisa tal hechizo poderoso
que doblega mis demonios obligándolos rendirle adoración.

Cómo pudo su mirada ser mi crucifixión.

Cómo puede su presencia sacarme de mi abismo y demencia
en instantánea teletransportación a su paradisiaco dominio
reflejo de su alma iridiscente y meliflua hasta hacerme sonreír.

Pero la verdad...

El haberla conocido es mi tesoro sagrado,

tal momento lo conservo en un cáliz guardado
dentro de mi caja torácica Pandora.
Como una distopía utópica.

———

5.

*Hay personas juntas que ya no se aman,
amando a personas que están junto a otros sin amarse...*

*Y estamos mi Bea y yo;
Dos desconocidos que se encontraron y surgió el amor tras una mirada,
una sonrisa, un espontáneo y mutuo suspiro...
Que conectó todas nuestras vidas futuras y pasadas
para que en el presente se acumulara todo el amor de ellas
en un solo instante.*

*Y aquí estamos entre dudas si es la realidad o un sueño,
jalando el hilo rojo del destino
que nos ha mantenido conectados
a través de los tiempos lemniscata
acercándonos para juntarnos.
Y aquí estamos reconstruyéndonos
para que al momento en que unamos nuestras vidas,
entregarnos la mejor versión de nosotros mismos individuales
para enfrentarnos como pareja
explotando nuestros potenciales
hasta iluminarnos y ascender al perfecto paraíso...
Volviéndonos uno.*

6.

No...
no fue agua de calzón lo que me dio...
tampoco me dio a beber el elixir directamente
de manantial de sus deseos.

Fue tan solo su acendrada mirada...
Su meliflua sonrisa...
La iridiscencia de su alma...
Su presencia etérea...
La gracia de su existencia...
Su melodiosa voz...
La ternura de su espíritu...
Su inefable belleza...
La serendipia... la epifanía... la inherencia...
La trascendencia... la ataraxia... lo inmarcesible...
Lo sempiterno...

7.

Y llevo su nombre tatuado junto al mío,
intercambié dolor y sangre para obtener tal poderoso talismán
que me permite dominar a mis demonios
obligándolos a someterse a mis órdenes
bajo el irrompible hechizo de un amor mutuo indescriptible.

Y llevo su nombre tatuado junto al mío,
como un recordatorio de aquel momento sagrado
que jamás se desvanecerá y será eterno.

Guardado en mi memoria como escarificación,
en mi corazón grabado a fuego,
en mi piel tatuado con dolor y sangre.

Talismán de un amor perpetuo.

8.

Frustrate… esa es la palabra.

Me aproximo a bordes de los sentimientos demodé consciente para
lanzarme al precipicio sin paracaídas y experimentar hasta el extremo
mortal y reventarme contra lo que sea que deba estrellarme,
pero a cambio sacarme una prosa,
soy un poeta suicida.

Pero qué pasa ahora…
Que he llegado al borde del precipicio mi amor
por ella y no quiero lanzarme,
no quiero reventarme contra el fondo, quiero quedarme aquí para
siempre observando el maravilloso paisaje que se expande más allá de
los límites que la creencia o la consciencia humana suelen delimitar.

Frustrante…
Es poder encontrarme ante tal paisaje indescriptible;
porque no existe ninguna forma de expresión con la que
pueda plasmar tal sentimiento que ella inspira.

Frustrante…
Es para el poeta no poder mostrar a su musa
los motivos por los cuales…
La quiero bonito mío cariño.

9.

Lo nuestro fue ciencia y brujería,
la herejía de mi pálpito lógico contra su magia delirante divina,
me arranco de la causalidad arrastrándome al esoterismo,
Y contra mi doctrina egoísta, posesión de almas,
utilizo su armamento de enamorasión masiva de forma furtiva.
sin prisioneros ni rehenes, sin piedad ni misericordia,
mientras yo... ni retirada ni rendición.
Y en este arte de amor en guerra colisionaron nuestras psiques
surgió la química, su alquimia sobre mis moléculas...

10.

Hermosa mujer,
que comprende que todo depende de sí misma,
que prioriza lo que realmente importa,
que no teme avanzar en soledad
pues no tiene la necesidad de aprobación
de esta sucia sociedad.

Fuerte mujer,
que no se deja doblegar por más cruel tortura a que la vida recurra
para intentar someterla.

Valiente mujer,
con constancia y determinación para avanzar
imparable hasta lograr sus metas
sin importar qué obstáculos se presenten en su camino
nada la hora desviarse de su objetivo.

Maravillosa mujer,
incendia sus virtudes con pasión en su corazón indomable,
fuego con el que ha forjado su psicología inquebrantable.

Admirable mujer,
ninguno de sus triunfos puede ser atribuido a la suerte
todo es fruto de su esfuerzo y sacrificio
de su amor propio y a sus hijos,
nada la doblega,
nada la hora dudar de avanzar con paso firme hasta alcanzar la cima,
su destino es la gloria.

Mi adorada Bea,
me encanta su orgullo, su ego, vanidad, arrogancia y egoísmo
pues los posee en la medida exacta y perfecta
para ser virtudes del autoestima.
Sin empatías innecesarias de pretender salvar las vidas ajenas
de las consecuencias de sus propios actos.

Por ello le pertenezco para siempre
aunque seamos un nunca.

———

11.

*El día que nos conocimos es el punto de inflexión
que cambió toda mi visión de la existencia.
Justo a unos metros de distancia antes de que
nuestros cuerpos se abrazaran,
explotó en blanco y negro una pausa de tiempo
que se expandió a través del universo
y lo frenó en un septosegundo,
en ese instante nuestras almas finalmente tuvieron su reencuentro
luego de una búsqueda exhaustiva
a través de tantas vidas pasadas y futuras,
dualidad de almas colisionando en un abrazo...
Fue su luz y mi obscuridad ocasionando un eclipse,
Fue tan profunda conexión desde el amor hasta el dolor que
experimentamos por cada una de nuestras vidas...
Fusionando nuestras historias,
develando el misterio que desde la creación hasta la eternidad;
Nos amamos...
Luego de lo cual regresaron las almas a nuestros cuerpos,
entonces el tiempo y espacio re iniciaron su movimiento natural
y así como brillaba su alma su belleza física deslumbraba ...
Desde mi corazón ardiendo en felicidad
producto del amor verdadero surgió en mi rostro una sonrisa real
que nunca había existido en mí.
A medida avanzaba a nuestro encuentro pensaba:
Pertenezco a ella...
Finalmente encuentro mi hogar...
Imaginando el resto de nuestras vidas juntos.*

*Al tenerla frente a mí cerré los ojos,
Solo quería besarla y luego decirle que la amaba para siempre...*

Entonces sentí sus manos cálidas en mis mejillas y la escuché susurrar:
Despierte, mío cariño...

Abrí los ojos en mi cama,
Despertar no fue más una tortura
Un sueño había alterado mi percepción de la realidad...

Hoy mi felicidad es saber que existe,
Que es un alma tan maravillosa
Que todas las deidades derraman bendiciones sobre ella.

Y gracias a soñarla puedo resistir que como castigo a mis blasfemias
Todas las deidades me arrojen sus maldiciones...

Maldiciones por las cuales ninguna de mis vidas...
He podido disfrutar de estar con ella...

Mi castigo es la tortura de encontrarla en cada existencia,
Para luego perderla...

Je t'aime

Mío Cariño...
vámonos una noche juntos
a un lugar sin contaminación lumínica
llevando un telescopio para observar las estrellas,
le mostraré Saturno
y cuando usted vea sus anillos le propondré matrimonio
y como diamante
le habré puesto
la súper luna llena brillante...

Mío Cariño

Por el contrato de amor que firmaron nuestras almas antes de nacer,
en juramento bajo dios que nos buscaremos
en la vida hasta encontrarnos.
Después de tantos años a la deriva sin noción de nuestro pacto sagrado
ante nuestro encuentro siendo mortales seres humanos
nuestras almas rompieron el sello que restringía el acceso al conocimiento
de que nos juramos amor infinito y eterno
desde que fuimos creados, divididos y separados.

Y ahora que por fin estamos juntos
me arrodillo ante usted y recito mi credo:

Ante todas las existencias
celebremos nuestro simbólico ritual de unión.
Que al amor sea el fuego que funda nuestras
almas de nuevo en un solo ser
para que así podamos alcanzar la iluminación
y ascender al misterio y la magia;
Integrándonos de nuevo al núcleo del universo.

¿Aceptaría ser mía esposa?

Misiva

Sé que nada de lo que escriba en este momento
será una excusa válida para lo que habré hecho.
Pretendía escribir tantas palabras asumiendo
que tras leerlas, más que sufrir sentirían alivio.
pero es inútil.

Escribí un millón de argumentos
buscando uno solo que les resultara aceptable,
el cual evitaría su tristeza haciéndoles sentir consolación
ante la opción por la cual opté,
pero entiendo que ni uno solo es razonable.

No voy a pedir perdón,
eso es algo que hago solamente
cuando hiero inconscientemente,
aunque en ningún momento ha sido mi intención
estoy completamente consciente
de que les causaré sufrimiento.

Pero entiendan que he luchado cada segundo de mi vida
aferrándome a amores secundarios
a pesar de mi asco por existir,
fueron ustedes mi prioritaria finalidad
para seguir resistiendo sin doblegarme,
pero he llegado a mi límite.

Estoy asqueado de vivir,
espero que mi desaparición fortalezca la unión entre ustedes,
haciéndoles asumir pronto mi muerte,
los amé toda mi vida, pero no lo haré al fenecer
pues tengo la inamovible convicción que morir
es la total extinción de la consciencia, exactamente mi anhelo.

Con ardiente pasión, vivan...

Reflexiones/Delirios

Algunas veces mis reflexiones son delirios,
y otras, mis delirios son reflexiones.

Con el tiempo llegué a comprender que
todo depende de mí, de cómo interprete
mis pensamientos y sentimientos,
que soy el único responsable
sobre el significado dado a mi ser inmaterial
y su proyección a la realidad
en beneficio o perjuicio de mí mismo,
y de quienes me rodean.

Consagración

Desde el instante en que la conocí
inspirado por el profundo sentimiento de amor verdadero
surgió la iluminación de un pensamiento en mí...

Todo poema de amor escrito en mi vida
fue realmente inspirado por ella
a quien estaba destinado encontrar en futuro.

Por eso cada poema de amor
que haya escrito le pertenece a ella...

Cada poema de amor
que he escrito en mi vida tiene su esencia...
su nombre...

Mi Bea.

Y este libro le pertenece...
al igual que le pertenezco yo
por completo.

www.ingramcontent.com/pod-product-compliance
Lightning Source LLC
Chambersburg PA
CBHW022219050726
47590CB00002B/862